DISCOVRS

AV ROY

SVR LA CONVOCATION

DES TROIS ESTATS DE SON
Royaume, faicte par sa Majesté
en sa ville de Bloys, 1588.

Par LOIS DE GLANDIERE
seigneur de Balsac.

A PARIS.

Par IAMET METTAYER,
Imprimeur du Roy.

M. D. LXXXVIII.

À TRÈS-CHÈRE ET TRÈS-[illegible]
à la royale maison de [illegible],
de Pologne, &c.

§. I.

Si l'on [illegible] que le Royaume n'eſt que le corps [illegible], ſoit que veritablement ple-[illegible], & expert politiques les ont [illegible] de leurs efforts, & la [illegible] que non ſeulement chaque [illegible] que ſe ſecours mutuel [illegible] que tous entre [illegible] convient [illegible] comme la [illegible] & la [illegible] [illegible]

AV ROY TRES-CHRESTIEN
HENRY troisiesme de France
& de Poloigne S.

SIRE,
Puis qu'vn Royaume n'est qu'vn corps harmonique, ainsi que veritablement plusieurs sages, & expers Politiques le nous ont tiré dn pinceau, de leurs escris : l'ordre, & la raison requerent que non seulement chaque membre apporte quelque secours mutuel au soulagément de l'autre, mais que tous ensemble vnissent leurs facultez, & de commun accord visent à la conseruation de celuy qui est comme la Sphere mouuante, le fuzil, & l'amorce de leur vie. Ce que especialement, & d'vn burin autre que le vulgaire doit estre graué en nous qui sommes membres, & parties de ce florissant Empire (l'outrepasse de toute autre domination qui soit en ce monde inferieur) auquel la disposition eternelle de la cause qui n'erre point, & vne legitime succession vous a constitué (SIRE) pour sa viue image, & le second principe de nostre salut : estans du mesme bois que ceux qui par vne preminence, ont acquis le tiltre de zelateurs, & si j'ose dire, idolatres du bien, & authorité de leur souuerain. C'est pourquoy en ce grãd

chef-d'œuure de la conuocation qu'il à pleu à
voſtre Majeſté faire de vos Eſtats, ce Theatre
vniuerſel de la Frāce, ie me fuſſe reſenti indigne du nom, & tige de vray Frāçois, ſi ne pou-
uant mieux ie n'euſſe adioutee ma voix aux
publiques alegreſſes, aux acclamatiōs gene-
rales, & aux veux de tous vos ſubiets, & auec
eux exaltee la ſage, & ſaincte intention de voſtre Majeſté par ce menu ouurage, nōn pour
ſeruir d'inſtructiō à perſonne, mais de ſimple
action de graces à voſtre merite, & d'eguillon
aux plus froids de recognoiſtre auec moy la
grandeur de voſtre bonté. C'eſt la ſeule ame
de mes vers, & le periode de mes deſirs d'a-
uoir faite choſe agreable à voſtre Majeſté,
honorable à voſtre nobleſſe, receuë de tous
vrays Catholiques, & à la gloire de celuy que
ie prie treſ-religieuſemét & du centre de mes
plus entieres affections vous deſpartir,

SIRE toutes les benedictions promiſes aux
ſages, & vertueux Princes tels que vous, & de
nos ans acroiſtre les voſtres. A Blois ce dou-
zieſme Nouembre 1588.

*Voſtre tres-humble, tres-obeiſſant, & tres-fidelle
ſeruiteur & ſubiect,* BALSAC.

Discours au Roy

SVR LA CONVOCATION
DES TROIS ESTATS DE SON
Royaume, faicte par sa Majesté
en sa ville de Bloys 1588.

Par LOIS DE GLANDIERE seigneur de Balsac.

SIRE,	Ce vieil harpeur dont la muse immortele
Faict que mainte Cité sa naissance querele,
Chante que Iupiter est geniteur des Roys :
Sage voulant monstrer soubs vne feinte voix,
Que ces sceptres pompeux, ces triomphans Tiares
De la diuinité sont les gages plus rares:
Qui ne conuiennent poinct, qu'a ceux que sa faueur
D'vn soing particulier guide à ceste grandeur:
Et lesquels leur vertu separant du vulgaire,
Faict surnommer, Heros, ou demy-Dieux en terre.
D'ou vient que nous lisons que jadis nos ayeulx
Leur sacroient des autels, aussi bien qu'a leur Dieux.
Et qu'encore au iourd'huy (mesmes dans nostre France)
L'on enhuile les Roys, non menteuse asseurance

A iij

Qu'ils sont donnez de Dieu, & que Dieu les maintient.
   Or si Estat aucun de sa vertu retient,
C'est celuy d'vn Seul-Roy, tel que le vostre SIRE,
Qui guides le timon de ce François Empire,
Que nous recongnoissons pour nostre second Dieu,
Et comme ayant le cœur plein d'vn celeste feu.
Car outre l'vnité que tous les deux acorde,
Ie veux soubs vostre appuy toucher vne autre corde,
Qu'aucun possible encor de noz chantres François,
Ie le dis sans orgueil, n'a pincé de ses doits.
C'est que comme de Dieu l'essence simple, & pure
Se communique a trois (miracle de nature:)
Qui ne sont qu'vn mesme estre, vn eternel vouloir:
Vous, SIRE retenant le supreme pouuoir,
Nostre vnicque Soleil, l'Estoille gracieuse
Qui verse dessur nous son influance heureuse:
Partes en trois rayons vostre haute clarté,
Qui sont vos trois Estats, & vostre authorité.
Heureux nombre dans qui toute grace est enclose,
Principe qui bastit, & destruict toute chose,
Et de cest vniuers faict la diuision,
Le signal asseuré de la perfection.
   SIRE nous sçauons bien, & chacun le confesse,
Que vostre seule voix nous doit seruir d'adresse,
De cause, & de conseil, que vous iuges trop mieux
Et nos biens, & nos maux, que nature & les Cieux
Se sont vaincus en vous, & que vostre prudence
Suffit pour gouuerner non vne seule France,

Ains de mondes autant que de divers rempars
On voit superbement dans son contour espars :
Mais daignant abaisser à vos subiects l'oreile,
Et d'vn sourci posé receuoir leur querele,
Entendre leurs raisons, leurs aduis escouter,
Et par fois à iceux consentemant prester :
SIRE c'est en cela que vous nous faictes croire
Que vous estes grand Roy, & pere debonnaire,
Vn Auguste second digne de son bon heur,
La seurté du subiect, du rebelle la peur.
  Les anciens, disoient que Themis iusticiere
Estoit de Iupiter la sage conseillere,
La leçon de ses faicts, & que luy souuerain
De la terre, & des cieux, tout mouuant de sa main,
Rien ne deliberoit, n'executoit sans elle :
Pour monstrer que des Rois la loüange plus belle,
Le mur Diamantin qui ferme leurs grandeurs,
C'est d'estre de la Loy premiers obseruateurs.
  Celuy traine vrayment vn seruage inuisible,
Qui dist que tout luy est, & enuers tous loisible :
Et ses affections pour seul frain recognoit :
Non celuy qui ne veut sinon ce qui se doit,
Dont le gouuernement commence par l'exemple,
Et tels qu'il veut qu'on soit, tel chacun le contemple.
  Quel maniaque cœur, quelle blapheme voix
Dira que l'Eternel d'autant qu'il suit les loix,
Et ne viole poinct l'ordre de la nature,
Ne soit dominateur de toute creature ?

Le sage seul est franc dist le Stoichien,
Et le vicieux traine vn austere lien:
Celuy donc est vray Roy, & à toute puissance
Qui embrasse le droict, & dont l'obeissance
Procede du deuoir: deuoir qu'il faut puiser
Du conseil de plusieurs, non de son seul penser:
Car le sens le mieux faict qui fust oncq' en la Grece,
Someille bien souuent, & vn Argus se laisse
Piper à vn Mercure, & ses yeux sont deceus :
Qui est l'amour de soy, & l'apas d'angereux
De l'emmielé flateur, l'ordinaire magie
Qui enyure les grands, & leur raison varie.

Conuoquant voz Estats, S I R E, vous imitez
Les dieux, & les humains plus fameuz, & vantez
Par les historiens, ou par la voix faconde
Des Poëtes qui sont les trompetes du monde.

Iupiter cognoissant que l'orde iniquité
Auoit de sa poison ce bas globe infecté:
Que la vertu jadis sainctement imprimee
Dans le cœur des mortels, n'estoit qu'vne risee,
Le murtre, la rancœur, les dols accumulez
De sa diuinité les autels entaillez:
Au conseil appela l'immortelle assistance,
Pour traicter des moyens dignes de sa vengeance,
Et de peuple changeant renoueler ses loix.
Et c'est Agamemnon ce grand chef des Gregois,
Que ce fils de Phebus, ce Demon de nature
Homere, pour patron à tous Princes figure :

Voyant

Voyant soubs la couleur d'vne hospitalité,
Trahy de son germain (ô grande lascheté)
La couche nopciere, & voulant de sa race
Purger le deshonneur, & chastier l'audace
Du ieune Priamide: en Aulide arboré
Assembla des Danois s'escadron coniuré,
Et d'vn serment estroit obligea leur vaillance,
De ne reuoir iamais le sueil de leur naissance,
Qu'ils n'eussent D'ilion le sacré mur deffaict:
Et recouuert le bien indignement soubstraict.

Vous SIRE desirant dans la France remettre
Ce renom ancien, qui la faisoit paroistre
Sur le pompeux orgueil de ces Quirites vieux,
Dont on admire encor les Mausoles poudreux :
Et d'vn bras iuste-fort briser de l'heresie
Le chef prodigieux, reueiller l'harmonie
D'vn Estat bien reglé, & dont chaque ressort
De son office suit le legitime accord :
Subiuguer la fierté du rebelle aduersaire,
Proditeur de voz loix, & du ioug qui l'enserre
Soubs vostre authorité, & vous met en la main
De la vie, & la mort le pouuoir souuerain:
Mandastes voz Estats, & d'vn graue langage
Qui resentoit les ans d'vn Caton le plus sage:
Ie faux, mais bien celuy dont la diserte voix
Empierroit les humains, & oreilloit les bois:
Nagueres vous auez la vangeance iuree
De nos autels pollus, vostre foy pariuree,

Voz champs ionches de morts, par l'effort obstiné,
Non du peuple qui est de l'Occean borné,
Du Germain impiteux: mais de la main felone
De nos concitoiens, & de vostre Couronne
Les naturéls subiects: subiects dignes vrayment
De souffrir d'vn Neron le fier gouuernement,
Non d'vn Prince si doux, qui a peinte au visage,
Et empreinte au parler, du bon Trajan l'image.
    Vn plus digne serment, S I R E, partir ne peut
De celuy qui le nom de Tres-Chrestien receut
Auec le diademe, & duquel on espere
Que les effects seront le chapeau de sa gloire.
Serment plus dur qu'en fer, qu'en acier, qu'en aymant,
Graué dedans les cieux dont il prent fondement:
Cieux aigres chastieurs de ces langues pariures,
Qui attestent en vain leurs constantes natures:
Pour lesquelles punir la iuste Nemesis
Tient le fleau dans la main, & balance leurs dicts.
    Noz maieurs abuses d'vne folle croiance,
Disoient que Iupiter auoit en reuerence,
Le palus Stygien: & que sa deité
Fondoit sur iceluy sa plus grand' verité.
Vous S I R E tout diuin, & duquel la belle ame
Cerche tousiours le lieu de l'obiect qui l'enflame:
Auez de vostre voix percé le firmament,
L'apelant en tesmoing de vostre iurement.
Voix digne que l'outil d'vn Policlete antique,
Luy cizele ça bas vn temple magnifique:

Pour y dire à iamais : DE FRANCE le grand Roy
HENRY a cest autel erigé de sa foy.

Trois colosses du monde inusité miracle,
Suporteront le faix de ce sainct tabernacle :
Son sommet a deux fronts les nues percera,
Et sa profondité dans le centre sera.

Sur l'vn de ces piliers l'on verra vostre Eglise
SIRE, foulant aux pieds l'orgueil, & la faintise,
De ces nouueaux brouillons, qui las! ont r'enuerfé
Ce que leurs deuanciers auoient si bien dressé :
Imitans celuy-la, dont la ruse maline,
Enterra son renom dans l'ardante ruine
Du temple Ephesien : ces docteurs, dont le bras
Pour plume est equippé d'vn rouge coutelas :
Leur liure est vn bouclier, leur togue venerable
Vn reistre qui tapit leur malice damnable :
De leur religion les premiers fondemens,
Le discord, la fureur, la mort des innocens :
Leurs miracles plus beaux, aux vifs oster la vie,
Et aux morts le repos, changer vne Abbaye
En cheual, ou en femme, arrondir vne croix
En testons, & bastir du desordre les loix.
Leur mission la force, & doctrine meilleure
Cent contrarietez, le brocard, & l'iniure :
Quelque leger cerueau de leur fard endormir :
Leur but de Predicans grands Princes deuenir.

L'ignorance qui tint auparauant saisie
De nos Prelats mitres la plus grande partie :

Pareils à ces tombeaux, ces riches monumens,
Qui n'enferment sinon de cendreux offemens:
Fera place au merite, & sera cazaniere.
Ignorance le choc, & la sape premiere
Par laquelle maint loup soubs la forme d'aigneau,
Força l'huis mal gardé du fidele troupeau.

  Nos anciens Gaulois dont la vraye doctrine
N'auoit encor' touché l'idolatre poitrine,
Pour sacrificateurs à leurs Dieux ordonoient,
Ceux qui le plus secret de nature entendoient:
Qui lisoient dans les cieux, & la Philosophie
Aux Pontifes Gentils seruoit de compagnie.
Ce siecle vicieux à la diuinité
Faict present de lourdaux, ausquels la dignité
Ne sert que de fardeau, & que plus ie deteste
Au iuste d'escandale, au meschant de pretexte.
Aumoins, si la bonté, & la deuotion
Fust le liure-parlant de leur profession.

  Ie voy le front honteux de ceste troupe vile,
Qui sert de masque au bien qui luy est inutile:
Resemblant les belans qui portent la toison
Dont autruy se vestit, & pareille au Grifon,
Qui d'vn soin non-cessant, d'vn indompté courage
Veile sur l'or duquel il ne cognoist l'vsage.
Vray est que cestuy-cy hautain ne permet pas
Qu'aucun sur son tresor puisse lancer ses bras:
L'autre sans son congé voit piller sa richesse,
N'ayant pour tout proffit qu'vn remords qui la blesse.

Aueugle que fais tu ? pour complaire à autruy,
Pour vn autre enrichir, tu desplais à celuy
D'ou ruissele ton estre, & poursuis l'indigence
D'vn bien qu'on ne cognoist que par la iouissance.
  Ie ne veux oublier ces affamez gosiers,
Ces Tantalides cœurs, ces gros beneficiers
Dont le dos non recreu desoubs le faix se courbe,
Et la main s'enroidit, qui seuls sont vne tourbe.
Ou maint gentil esprit, maint docte-sainct prescheur
Ne faict que viuoter suant soubs le labeur :
Et à peine de soy, ô austere fortune,
Peut chasser de la fain la piqueure importune.
  Conuoiteux de quel front pourras tu t'aquiter
Du conte qu'il te faut de tant d'ames prester
A ce grand Auditeur tenant sa court derniere :
Puis que ton propre faix te rebute en arriere ?
  Heureux, heureux ce siecle & trois, & quatre fois
Ou l'Euesque estoit d'or, & la crosse de bois :
Ou la charge n'estoit du pasteur conuoitee,
Mais la bonté plustost du Prelat recherchee :
Et auquel il failloit contraindre les Pasteurs.
Au bien, dont maintenant ils sont les acheteurs.
Si la geine, le fer, le buscher, la potence,
De ces sacrez honneurs estoient la recompence,
S'il faloit comme lors par le sang tesmoigner
Le nom de IESVS-CHRIST, & sa gloire tonner
Deuant le rogue front d'vn Tirant imploiable,
Dont chaque regard est vn foudre redoutable :

Tels grades se verroient d'aussi loin reiectez,
Comme ils sont maintenant ardamment conuoitez.
Et tel qui pour parer d'vne mitre sa teste,
Ne cesse qu'il n'ayt veu des murs Romains la creste:
Souhaiteroit d'auoir les talons emplumez,
Pour ne voir soubs ce faix ses temples r'enfermez.

  Muse mon entretien, ma douce fantaisie
Ne passe cest abus qu'on nomme Simonie,
Crime tant detesté par la voix de ton Roy:
Et dont le souuenir remplit mes sens deffroy.
Trafique abhominable, & qui met aux encheres
De la diuinité les plus sacres misteres,
Et de l'esprit de Dieu, faict l'esprit de Satan:
Changeant son gain en perte, & sa richesse en dam.
Dont le nom est parti de ce sorcier inique,
Qui offroit de l'argent pour le don Prophetique:
Et qui porte en l'air d'artifice maudict,
Tomba du haut en bas, & le col se rompit.

  Vne vierge iadis a Veste consacree,
Ouurit a l'ennemy du fort Romain l'entree,
Vaincuë du desir des brasselets luisants,
Qui de leur gauche bras estoient les paremens:
Dont elle r'emporta l'equitable salaire,
Sentant de leurs boucliers la pesanteur murtriere.

  Ha combien l'on verroit d'assomez en nos ans
De ces vendeurs de biens, que nos deuots parens
Fonderent pour seruir aux pauures de pasture,
Qui transsis maintenant errent a l'aduenture:

Et voyent, ô douleur, de cheuaux, & de chiens
Vn nombre plein de fast s'engresser de leurs biens.
  Regarde d'autre part vne bande honorable,
Au modeste marcher, au regard graue-affable,
Et à l'habit decent, sur laquelle vn milier
De peuple tient fichez les yeux sans varier.
Ce sont nos sainctts Prelats qui de leurs bergeries
Ne perdent poinct la veue, & de vaines enuies,
De friuolles proiectts ne rompent leur cerueau:
Iour, & nuict attentifs au bien de leur troupeau.
Dont l'exercice n'est d'entretenir les dames,
Et feindre les mignons: ains auoir soin des ames,
Refuter les erreurs, donner les sacremens,
Et l'exemple adiouter aux bons enseignemens.
Qui se monstrent la lampe, & le sel de la terre:
Sçachant que qui sera trouué reliquetaire
De la moindre brebis au siege sans ressort,
Confisquera son ame à l'eternelle mort.
Prelats non par faueur, par brigue, ou parentage
A la chaire esleuez, mais par le tesmoignage,
Et le non-faint rapport de leur integrité,
S I R E par vous proueuz de ceste dignité.
Non ceux desquels labay, la rapante famine,
Haste la mort d'autruy, dont le bien elle guigne:
N'attendant que du ciel l'inuiolable loy,
Ou sa capacité luy en face l'octroy.
Sobres, chastes, prudens, meurs, humbles, charitables,
Pacifiques, zelez, constans, irreprochables:

Tels que le peint celuy, que du ciel la clameur
Feit apoſtre de Dieu, de fier perſecuteur.

Pendant que ma Clion ſ'eſgare dans ſon zele,
Et tache d'alonger ſa chanſon immortelle:
La Nobleſſe craignant de veoir tronquer ma voix,
Et l'halene mourir dans mon canal pantoix :
Se mutine, & requiert ſans plus longue demeure
Seruir ſon Souuerain en ceſte architecture.

Nobleſſe ne crains point que mon Luc rauiſſeur
Te noye dans l'oubly, toy qui cognoiſt pour ſeur:
Dont le loz eſt ſon loz, & qui és de ma peine
L'autre aſtre fauorable, & ma ſeconde veine.

Ie veux donques chanter que la production
Eſt ta ſouche, l'honneur ta conſommation:
Que tes premices ſont tirez de la naiſſance,
Mais ton accroiſſement de la vertu s'auance.
Car vainement quelq'un du nom de ſes maieurs
Vn trophe ſe baſtiſt, s'il n'enſuit leurs valeurs.
La gloire eſt nom d'acquis, & non pas d'heritage,
Et le bien de l'eſprit n'eſchoit poiut en partage.

Ie veux Pallas, & Mars s'accoller dedans toy,
Le glaiue auec les arts, afin que ton grand Roy
En puiſſe eſtre ſerui à la paix, & en guerre:
Que lacier ſur ton doz non ſeulement eſclaire,
Mais qu'on y voie encor le pourpre rayonner:
Et le bonnet par tour tes temples couronner.
Et nõ moins qu'aux cõbats, aux grãds Cours aparoiſtre,
Pour l'vn, & l'autre eſtat en ſa vigueur remettre.

Ces braues

Ces braues Scipions, ces anciens Cesars,
Estoient grands Senateurs, & grands foudres de Mars.
Et vn Prince François, vn Charles septiesme
Sa noblesse inuitoit par son exemple mesme
De vaquer a l'estude, afin que ses costes
Fussent ceints de N'estors, & D'aiax redoutez :
De force, & de conseil, & de telle matiere
On peut vn Connestable, & vn Chancellier faire,
Et ce François en nom, & en vertu premier,
Vostre grand pere S I R E, honora ce mestier
De maint beau priuilege, & d'vne main non chiche
Luy bastit en son temps maint edifice riche.
Et afin qu'aucun art ne restast incogneu,
Doua leurs professeurs d'annuel reuenu:
Qui pour vn souuenir de sa main liberalle,
Portent encor le nom de l'escolle Royalle.
    Le blaspheme qui sert de confire les mots,
Les gestes decorer, & estoner les sots:
Et qu'vn tas de frelons, ô impudence extreme,
Roulent incessament dans leur bouche pour theme:
Du foudre de ta voix mon Prince espouuanté,
Ne sera desormais que simple verité.
Et ces lascifs iargons, dangereuse folie,
Ces odieux deuis, changes en modestie,
En discours vertueux : ces prodigues exces,
Ce luxe immoderé d'habillemans laisses.
Sansue des maisons, & la voye certaine
Qui à la poureté les plus riches amene:

Et pour laquelle ôster, les Romains iustement
Fonderent vne loy en leur gouuernement,
   Pourrois-ie bien passer ces mutines ceruelles
Qui tournent contre soy leurs folles alumeles,
Et sur vn pied de mouche, vn ongle mal roigné,
Prostituent leur sang : sang qui fust destiné
A vn meilleur effect, & duquel la patrie,
Et non pas la fureur deuoit estre seruie.
   Vous à qui voz ayeux, ou la bonté des Roys,
Ont acquis de seigneurs la puissance, & les droicts :
Ne foulez voz subiects, ains imitez l'auete
Maistresse de lessain voletant sur Hymete,
Qui n'a point deguillon : & penses qu'ils ne sont
Non plus que vous brutaux, ains portent sur le front
D'humanité les seaux, & la raison dans l'ame :
Qu'vn iour vous receurez le guerdon, & le blasme
De vos maniemens, & qu'vn iuge Eternel
Prononcera sur tous ses arrests sans appel.
   Honorez vostre Roy comme vn celeste gage,
Et ne crachez iamais contre luy vostre rage :
Ne brouillez son Estat, voz cousteaux n'eguisez
Pour abreger ses ans dans le Ciel compassez.
Ne deschirez son nom : mais s'il est debonnaire,
Si sa vertu non moins que sa grandeur esclaire :
Recognoissez le bien que du Ciel vous tenez,
Sinon accusez en voz faicts desordonnez,
Et la corruption qui a vos mœurs commande,
Dont le Ciel par sa main la vengeance demande.

Scachez qu'il n'est permis du grand Legislateur
D'attenter contre luy soubs aucune couleur.
Que Dauid qui auoit l'esprit de Prophetie,
Au murtrier de Saul fit arracher la vie:
Bien qu'il eust du grand Dieu le courroux irrité,
Et encouru la mort par son iniquité.
Discourez en vos cœurs, & ayez souuenance
Que vous estes François de nom, & de semence:
De vos Princes sacrez cordiaux amateurs,
Et de leur dignité fideles protecteurs.
Pensez comme jadis vn de nos chefs de guerre,
Aduerti du dessein, qu'auoit fait l'aduersaire
De s'acmenter le Roy sa cazaque vestit,
Et par son dam, de mal son Prince garentit.
Que vos exemptions, vos droits, vos seigneuries,
Vos preminences sont de leur grace parties.
  Fuyez la nouueauté, & embrassez tousiours
Le sentier qu'ont choisi vos peres en leurs iours:
Peres dont la saison sentoit l'or du vieil age,
Dont le cœur estoit franc, sans masque le visage:
Et ne vous laissez point gaigner a cest erreur,
Dont le reformement, deforme le meilleur:
Qui faict croire a ses sens, & temeraire panse
Seule auoir apporté du vray la cognoissance.
  Chassez la volupté, tombeau de la raison,
La foiblesse du corps, & le plaisir larron
Qui nos ans antidate, & d'vn vaillant Achille
Faict vn lasche Paris, vn Thersite inutile.

Euitez la paresse, & que iamais vos sens
Ne croupissent sans soin, mornes, & faineans:
Afin que le trauail, & l'honeste exercice
Seruent à destourner vos courages du vice:
Et que la liberté, le ver d'ambition,
Ne nous face troubler la publique vnion
Et ce temps qu'on vous veoit trop follement despedre
A maint prophane ieu, qui bien souuent n'engendre
Que collere, & despit: le despit, le discord,
Le discord, le conflict, & le conflict la mort:
Soit par vous employé à fueilleter vn liure,
Dont vous peussiez cueillir les moyens de bien viure:
Non ces sales escris, qui ne sont inuentez
Que pour gresser le feu de nos cupiditez,
Qui causerent iadis que nostre Poësie,
Fust des bonnes Citez honteusement bannie.
Bref que vos dicts, vos faicts, vostre œil, vostre penser,
Vos gestes, vos habits, n'ayent rien de leger:
Que comme vostre estat surpasse le vulgaire,
De vos inferieurs vous soyez la lumiere.

Des-ja mes bras lassez la commande attachoient,
Et amis du repos le riuage approchoient:
Lors que le tiers Estat à mes yeux se presente,
Eueillant ma langueur de sa plainte dolente,
Sus sus courage peuple, arreste moy ce dueil,
Puis que ton grand Neptun t'auise de bon œil:
Et benin te promet calmer ceste tempeste,
Que pendant maint hyuer te sacage la teste.

Tant de diners impofts, de fardeaux rigoureux
Que d'officiers pluftoft le nombre infructueux,
Et leur harpie main fur l'efpaule te iecte,
Que non pas fa bonté, fa charité parfaicte:
Ne feront deformais que le iufte entretien,
Que tu dois a ton cœur, la fource de ton bien.

Dieu duquel la grandeur, l'infinie puiffance,
Eft la mefme foifon, le vray cor d'abondance:
Vouluft des animaux le fruict premier porté
Seruir d'oblation à fon Eternité:
Et encore auiourd'huy nous bruflons pour hoftie
A fa diuinité les parfuns d'Arabie.
Et ce pere des iours, le Calendrier des ans,
Ce blond Latonien, par fes rayons ardens
Mainte exhalation, mainte vapeur attire
De la terre, pour foy, & marques de l'Empire,
Et du iufte tribut que fur celle il retient
Dont la clarté de luy, & le germe prouient.

Contemplons de nos corps l'admirable harmonie,
Nous verrons que toufiours la plus baffe partie
Contribue à la haute, & pour elle debat.
Auffi le Roy qui eft le Soleil de l'eftat,
Sa deité feconde, à iufte droict demande
Quelque part de nos biens, pour luy feruir d'offrande:
De gage du pouuoir, & de l'authorité
Que luy donne fur nous fa Souueraineté.

Mais comme l'Eternel nos volantez agrée,
Et reçoit nos prefens fuiuant noftre portée,

Et le doré Titan succe sans consommer
La graisse de la terre, & l'humeur de la mer:
Ainsi qu'on voit du cœur l'excellente nature
N'vsurper pour soy seul toute la nourriture:
Le vray Prince est celuy qui tond de son troupeau
La laine seulement, sans arracher la peau.
Imitant l'artizan qui les iardins cultiue,
Lequel ne touche point à la racine viue:
Contant de retrancher les rameaux superflus,
Pour rendre plus fertille, & gaillard le surplus.

   Peuple conforte toy, ton Prince debonnaire
De sa Royallé voix qui n'est point mensongere,
Temple de verité, ta n'agueres promis
D'abolir ces abus qui à non plus t'ont mis.
Et tresbien informé que de la sapience
Les vrays principes sont de soy la cognoissance:
Que celuy dignement peut autruy amander,
Qui à ses passions aura sceu commander:
Et corriger en soy ce qu'aux autres il tance:
Par sa propre maison ses reglemens commence:
Par sa maison, ains bien sa propre Majesté,
Dont le viure, l'habit, est de frugalité
Le patron sans pareil, & digne d'vn Curie,
Comme sa pieté vn sainct Loys desie.

   Nas tu pas veu comment d'vn droit esprit touché,
Et de son seul aduis, l'excez il a tranché
De tant d'Edicts nouueaux, que du temps la misere,
Ou l'importunité aux Princes ordinaire

Luy auoient arrachez, & comme sa douceur
Escouté d'vn chacun la plainte, & sa clameur
Sans acceptation : octroyant liberalle
Tout ce qui peut partir d'vne bonté Royalle.

  I'obmets le soin qu'il veut sur ses Financiers
D'oresnauant auoir, afin que ses deniers
Par mesure eslargis, releuent ton esseu
Des charges qui souuent le besoin t'amoncelle :
Replantant en ses iours de Peculat les loix,
Et voulant chastier ces sacrileges doits,
Ces malheureux Aiax, dont l'impie finesse
A son Palladion ses rapines adresse :
Son bien qui comme luy tient de la deité,
Et par luy iustement de leurs mains repeté.

  Tes yeux ne verront plus maniés ces offices,
Par des necessiteux, ou bien par des nouices :
Mais par ceux dont la foy hors de doute sera,
Et que l'experience, & l'art celebrera :
Qui l'honneur, non le gain auront graué dans l'ame,
Et plus que mille morts redouteront vn blasme.

  Que si par le passé sur ton dos gemissant
Tu as santi le fleau de maint impost cuisant :
Ceste necessité qui les plus forts maistrise,
Et non sa volonté, pour excuse soit prise.

  Quel droit si solemnel, quelles si sainctes mœurs,
Resistent à l'effort des ciuilles fureurs ?
Nulle religion, & nulle foy se treuue
Ou l'intestin discord ses malices espreuue.

Rome mere des loix, la perle de l'honneur,
Seminaire des arts, nourrice de valeur:
Par le feu allume du bois de ses entrailles,
Veist de son esplandeur les tristes funerailles.
Et sans cause iadis vn Guerrier ne disoit,
Que la voix dequité parmi le fer cessoit,
Et entre les tambours, le cliquetis des armes,
Tout droit se confondoit en ruzes & vacarmes.

  Or bien que son desir, sa sainte intention
Ne responde si tost a ton affection:
Et que pour debeller ceste mutine race,
Que son iniquité degousté de sa grace,
Il soit contrainct de toy emprunter le support:
Il imite en cela le Chirurgien accort,
Qui puise vn peu de sang de nòs tramblantes veines,
Pour conseruer le bon, & les rendre plus saines.

  D'autrepart sa bonté, son parfaict iugement,
Remettant l'honneur vieil, l'entier gouuernement
De sa gendarmerie, effroy de la machine:
Fera cesser de toy le sac, & la ruine
Que font maint auortons, qu'vn folastre cheueu
Faict plustost commander, qu'obeir ils n'ont sceu.
Dont le morgant regard, la parole felonne,
Non pas son ennemy, mais bien son hoste estonne.

  Furieux que fais tu? c'est ta chair que tu mors,
Ton frere celui-la que tu chasses dehors,
Ton bien que tu destruis, ceux que ta main afflige,
Les subiects de ton Roy qui te paye & t'erige.

Vn

Vn Empereur iadis d'vne femme escoutant
Les sanglotans regrets, qui alloit lamentant
De quelque mets leger la iouissance ostee
Par l'effort d'vn soldat à sa bouche affamee:
Luy feit fendre le sein, & l'estomac ouurir,
Pour son larcin d'vn coup venger, & d'escouurir.

Quelle seuerité pourroit punir l'outrage
De celuy qui le bien de son prochain n'outrage,
N'offence sa persone, ains son honneur meurtrist:
Et barbare se mesle en son chaste deduit.

Mon Prince il est raison que mon humble Thalie
Finisse par ton nom dont sa voix est partie:
Par toy dis-ie qui es du droict le dextre bras,
Son oracle non faux, son Phebus, sa Pallas.

Dans le temple Thebain se veoit vne effigie,
Ou vn Prince est assis, duquel vn bandeau lie
La paupiere sur l'œil, & les flancs sont enceins
De iuges, dont les bras sont orphelins des mains:
Et ces grands magistrats, ces officiers d'Athenes,
N'ordonnoient que la nuict, du merite, ou des peines.

SIRE, c'est pour monstrer qu'vn vray Roy ne doit pas
Seduire sa raison d'aucun flateur apas,
Ni en ses iugemens garder de difference,
Ains le vice punir d'vne esgalle balance:
Ou s'il faut pardonner, c'est à ceux seulement
Dont la main à failli, non le consentement:
Non ceux qu'vne habitude opiniastre à mal faire,
De leur amendement vn chacun desespere:

D

Et ces bras desproneuz de leurs extremitez,
C'est la corruption, & les presens ostez:
Infame conuoitise, & qui faict qu'vn Pyrate
Est estranglé dans l'or duquel son iuge il flate:
Et toy ô doublement malheureux larronneau,
Pour vn bien peu te vois estrené d'vn cordeau.

 La longueur des proces qui du pauure eternise
La plus saincte poursuite, & sa substance puise:
Ces Euocations dont mille chicaneurs
Leurs parties geinant par cent diuers labeurs,
Trauersent l'equité, & desquels l'imposture
Donne à vn rond parfaict vn oblique figure:
Ces Magistrats desquels le nombre est abondant,
De leur erection les bornes excedant:
Et qui pour maintenir leurs acheptez offices,
Taxent auec deux mains leurs cuisantes espices.
Ces Huissiers, Procureurs, que l'on voit plus espes,
Que Grues, & Fourmis, empescher les parquets:
C'est abus si frequant qu'on nomme Suruiuance,
Fuite de la vertu, la porte d'ignorance:
Qui souuent faict du doit les Estoiles toucher,
Celuy qu'à peine on voit sur la terre marcher.
SIRE, ne soient obmis dedans vostre Censure,
Et l'examen requis de la literature,
Et de la probité: afin que l'innocent
Ne se voye foullé de l'orgueil du meschant:
Et le meschant aussi, s'il n'aime l'innocence,
Craigne de son peché la certaine vangeance.

L'vsure, le faux poix receiuent leur loyer:
Et la foy du marchant soit remise en entier.
Et ceste authorité par plusieurs vsurpee,
Dont le commerce voit sa liberté foulee:
Ce prix demesuré de vantes, & achets
Soient de vos reglemens les non moindres subgects.
Bref le ieune, le vieil, la vertu, & le vice,
Le riche, l'indigent sentent vostre police.

   Ainsi vous reuerrez n'estre vn siecle doré,
Et de L'inde au Someil vostre nom adoré:
Et de ces trois Estats la grandeur r'animee
Sera le triple cor de vostre renommee:
Et trois roues en fin, sur lesquelles monté
Vous serez compaignon de la diuinité:
Posant sur vostre chef la Couronne troisieme,
Qui promise vous est, par vostre heureux Embleme.

FIN.

   Lecteur, Parce qu'en parlant de la Noblesse, ces
douze ou quinze vers ont esté obmis par mesgarde, qui
sont asses a propos pour le mespris, & vilité qu'on fait
auiourdui de chose que nos Peres tenoint côme sacre:
ilz ont esté couchez en ce lieu, remettant a ta prudence
de leur assigner en lisant leur legitime et sortable place.

D'autant que volontiers d'vn Satyrique chant
Ie poursuiurois ceux la, qui leur tige cachant
Dans l'ombre de leurs faicts, cuident ô insolence,
De blasme s'exempter alleguans leur naissance.
Pareils aun Commode indigne successeur,
Et sang plus que bastard du plus grand Empereur,
Auquel Rome iamais se rendict tributaire:
Ma muse retordant maint Iambe colere,
Vangeroit d'autre part l'orgueil audacieus
De certains hobereaux, qui pour guigner des yeux,
Pour anoir le costé entouré d'vne espee,
Le dos couuert de soye, & la greue dressee:
Sont Nobles nõ d'vn iour, d'vn siecle, mais d'vn temps
Qui n'est cogneu si non de leurs fols iugemans.